Amant de sa femme

L'AMANT DE SA FEMME

Scènes de la Vie Parisienne en un Acte

OUVRAGES DU MÊME AUTEUR :

Rosalinde, comédie (Gymnase).
Jaloux du passé, comédie (Odéon).
Les effets de la foudre, comédie (Déjazet).
Une vieille lune, comédie (Théâtre d'Ems).
La question d'amour, comédie (Gymnase).
Les chaînes de fleurs, comédie (Variétés).
L'hôtel des illusions, comédie (Déjazet).
Le Repentir, comédie-drame (Odéon).
On demande une femme honnête, vaudeville (Variétés).
Le Nid des autres, comédie (Odéon).

PROCHAINEMENT :

Les petits papiers, comédie (Théâtre-Français).

AURÉLIEN SCHOLL

L'AMANT DE SA FEMME

SCÈNES DE LA VIE PARISIENNE

EN UN ACTE

Représenté pour la première fois sur le Théatre Libre

le 26 Novembre 1890.

DEUXIÈME ÉDITION

PARIS

G. CHARPENTIER et E. FASQUELLE, ÉDITEURS

11, RUE DE GRENELLE, 11

1891

DISTRIBUTION DE LA PIÈCE

LE VICOMTE DE SAINT-RIEUL . . MM. Antoine.
LE DOCTEUR LAFARGE. . . . . .   Renard.
VALENTINE . . . . Mmes Silviac.
LA MARQUISE. . . . .   Régine Martial.

Paris. De nos jours.

L'AMANT DE SA FEMME

Un petit salon richement meublé. — Divan à droite.

SCÈNE PREMIÈRE

VALENTINE, écrivant sur un petit meuble de Boule.

« Cher monsieur Burgaud, veuillez m'attendre
« jusqu'à sept heures et demie. C'est à sept heures,
« je crois, que ferme l'étude. Dès que les clercs
« seront sortis, j'irai sonner à votre porte. J'ai
« besoin de vos conseils d'abord, peut-être de
« votre ministère ensuite. Il s'agit d'une affaire
« de la plus haute gravité. Recevez, je vous prie,
« mes civilités... Vicomtesse de Saint-Rieul. »
(Elle plie la lettre.) Monsieur Burgaud, avoué, rue
Godot-de-Mauroy. (Elle touche un timbre.)

UN DOMESTIQUE

Madame la vicomtesse a sonné ?

VALENTINE

Cette lettre, tout de suite, à son adresse.

LE DOMESTIQUE

Bien, madame. (Annonçant.) Mme la marquise de
Valleray.

VALENTINE

Ah !... qu'elle entre !...

SCÈNE II

LA MARQUISE, VALENTINE

LA MARQUISE

Eh bien?... tu t'es laissée pincer?

VALENTINE

Le huitième jour.

LA MARQUISE

Comment cela s'est-il fait?

VALENTINE

Est-ce que je sais?... j'ai mis sur une lettre un timbre que j'ai trouvé là, au milieu de plusieurs autres. Je n'ai pas pris garde qu'il avait déjà servi. Ce timbre s'était détaché tout seul d'une enveloppe. On a ouvert ma lettre à la poste et on l'a renvoyée à mon mari en l'avisant qu'il serait poursuivi, s'il ne préférait un arrangement amiable, une petite amende, quelque chose comme vingt-cinq francs.

LA MARQUISE

Et la lettre était adressée à M. Gontran de Périgny?

VALENTINE

Lieutenant au 3ᵉ chasseurs, à Saint-Germain.

LA MARQUISE

C'est une chose surprenante que l'Administration des postes remette à M. le vicomte Raymond de Saint-Rieul, une lettre adressée à M. de Périgny.

VALENTINE

Timbre oblitéré... Pour trois sous, je suis une femme perdue.

LA MARQUISE

Tu avais donc signé?

VALENTINE

Tu ne le penses pas.

LA MARQUISE

Alors?

VALENTINE

On a inventé un papier à lettres qui porte en tête une ligne de Tout-Paris... votre adresse. On ne songe pas à la couper...

LA MARQUISE

Elle vous dénonce.

VALENTINE

Et je n'y ai pas pensé. L'habitude!... J'ai pris une feuille à la hâte, j'ai écrit... sans songer qu'il fallait donner un coup de ciseau... L'adresse est restée... 35, rue de l'Université! Et l'Administration n'a pas voulu perdre ses trois sous.

LA MARQUISE

La lettre ne peut laisser aucun doute?

VALENTINE

Aucun.

LA MARQUISE

Que vas-tu faire?

VALENTINE

Je n'en sais rien. En tous cas, j'ai écrit à mon avoué, je le verrai ce soir.

LA MARQUISE

Qu'a dit ton mari?

VALENTINE

Quelques mots à peine. « Madame, reconnaissez-vous cette lettre?... » Oui, Monsieur,

LA MARQUISE

Paraissait-il en colère ?

VALENTINE

Il était plutôt goguenard. Il mordillait sa moustache en froissant ma lettre entre les doigts.

LA MARQUISE

Et depuis ?

VALENTINE

Rien. Des allées et des venues dans l'hôtel... M. d'Esnandes, M. de Thayré... ses témoins sans doute. Naturellement, je m'étais renfermée dans ma chambre et je n'écoute pas aux portes.

LA MARQUISE

Quand se battent-ils ?

VALENTINE

Ils se battent en ce moment.

LA MARQUISE

Au pistolet ?

VALENTINE

Je le pense. La boîte n'est plus à sa place dans le fumoir.

LA MARQUISE

Ton mari est de première force.

VALENTINE

On le dit. Je l'ai vu tuer des ramiers au vol avec un revolver.

LA MARQUISE

Et M. de Périgny ?

VALENTINE

Il est myope.

LA MARQUISE

C'est drôle. Autrefois, c'étaient les maris qui étaient myopes, aujourd'hui ce sont les amants.

Dire qu'il y en a peut-être un de mort dans ce moment?

VALENTINE, rêveuse.

Peut-être !

LA MARQUISE

Lequel préférerais-tu que cela fût ? Raymond? ou Gontran ?

VALENTINE

Ni l'un ni l'autre.

LA MARQUISE

Tu n'as jamais eu de caractère.

VALENTINE

Tout cela a été si soudain que je n'y comprends rien encore.

LA MARQUISE

Au fait, M. de Saint-Rieul n'a que ce qu'il mérite. Après un an de mariage, on le voyait s'afficher au Bois, à l'Opéra, à Trouville, avec les célébrités du monde des pseudonymes. Tu ne te doutais de rien ?

VALENTINE

Tu sais si j'étais naïve et confiante. J'ai tout appris en un jour...

LA MARQUISE

Je vois cela d'ici... des larmes d'abord?

VALENTINE

Non. La révolte tout de suite !

LA MARQUISE

Peut-être que cela s'arrangera?

VALENTINE

Oh! tu sais que je ne suis pas femme à prendre des airs résignés et à promener mes remords dans les salons...

1.

SCÈNE III

LES MÊMES, LE DOCTEUR

LE DOMESTIQUE

M. le docteur Lafarge!...

LE DOCTEUR

Oh! je n'ai pas besoin d'être annoncé... (Saluant). Madame!... Mme la marquise de Valleray? Je m'attendais presque à vous trouver ici.

LA MARQUISE

Naturellement; le péril m'attire. Dites-nous vite ce qui s'est passé?

VALENTINE

Mon mari?

LE DOCTEUR

Ces messieurs devaient tirer chacun trois balles à vingt pas, avec le droit d'avancer de cinq pas après chaque balle.

VALENTINE

Mais qui est blessé?

LA MARQUISE

Oui, qui?

LE DOCTEUR

M. de Périgny a reçu une balle dans l'épaule.

VALENTINE, émue.

Est-ce grave?

LE DOCTEUR

Un mois d'arrêt tout au plus.

VALENTINE

Ah! tant mieux.

LA MARQUISE

Il a eu de la chance.

LE DOCTEUR

Oh! de la chance! M. de Saint-Rieul ne l'a pas tué par ce qu'il n'a pas voulu.

LA MARQUISE, s'asseyant.

Racontez-nous cela.

LE DOCTEUR

Quand on eut mesuré la distance, ces messieurs furent placés. Au signal, une! ils devaient lever leurs armes; deux! ils avaient une seconde pour viser et le droit d'avancer de cinq pas chacun. Au premier commandement, Saint-Rieul tira... On vit M. de Périgny lâcher son arme et tomber évanoui dans les bras de ses témoins. Donc, si M. de Saint-Rieul avait voulu ne pas le toucher du premier coup, et user de son droit, il avançait de cinq pas et son adversaire était un homme mort.

LA MARQUISE

Et qu'a-t-on fait des autres balles?

LE DOCTEUR

On les a gardées pour une autre fois.

VALENTINE, vivement

Il y aura donc une autre rencontre?

LE DOCTEUR

Pour la même affaire, je ne le pense pas... La guérison peut être plus longue que nous ne l'avons supposé, mon collègue et moi. En tout cas, avant que M. de Périgny soit en état de tenir de nouveau une arme, il peut se passer bien des choses.

LA MARQUISE

Dites-moi, docteur, vous avez assisté à beaucoup de duels?

LE DOCTEUR

Un certain nombre.

LA MARQUISE

Combien de maris?

LE DOCTEUR

Plusieurs.

LA MARQUISE

Est-ce pour cela que vous êtes resté célibataire?

LE DOCTEUR

C'est plutôt à cause des précédents historiques. Quand on s'appelle Lafarge, on ne se marie pas.

LA MARQUISE

Puis, médecin de l'Opéra...

LE DOCTEUR

Et de l'Hippodrome!.

LA MARQUISE

Vous seriez sans excuse.

LE DOCTEUR

Absolument...

LA MARQUISE

Cela doit être atroce une balle dans l'épaule ou dans la poitrine?

LE DOCTEUR

On n'en souffre pas tout de suite, ce qui permet au blessé de conserver sa dignité.

LA MARQUISE

Vous n'avez jamais eu d'affaires, vous?

LE DOCTEUR

Jamais.

LA MARQUISE

Si le cas s'était présenté, quelle arme eussiez-vous choisie?

LE DOCTEUR, gravement.

L'ordonnance.

LA MARQUISE, riant.

Ce serait un sûr moyen de ne pas manquer votre homme.

VALENTINE

Si je m'étais battue toutes les fois que mon mari m'a trompée, moi !...

LE DOCTEUR

Les hommes soutiennent que ce n'est pas la même chose.

LA MARQUISE

Et le Code leur donne raison...

VALENTINE

Parce que c'est eux qui l'ont fait.

LA MARQUISE

M. de Périgny n'est pas mal, mais il me semble qu'à ta place, j'aurais préféré M. d'Esnandes. Tous deux te faisaient la cour.

VALENTINE

M. d'Esnandes a un prénom impossible... un prénom républicain.

LE DOCTEUR

Spartacus?

VALENTINE

Non, Jules.

LA MARQUISE

Tiens ! c'est vrai !

VALENTINE, au docteur.

Avez-vous une idée de ce que fera mon mari ?

LE DOCTEUR

Il n'a rien laissé percer de ses intentions.

VALENTINE

Alors, je n'ai qu'à ne pas bouger ?

LE DOCTEUR

Il faut laisser transpirer le mouton.

LA MARQUISE

Une voiture! (Elle va à la fenêtre.) C'est lui?

VALENTINE

Le mouton?

LA MARQUISE

Non, ton mari.

VALENTINE

Recevez-le... je me retire.

LA MARQUISE

Va, ma chère, je reste pour représenter tes intérêts. (Elle l'embrasse.) Pauvre petite? Elle est toute tremblante! Le manque d'habitude.

SCÈNE IV

SAINT-RIEUL, LA MARQUISE, LE DOCTEUR

SAINT-RIEUL, s'adressant à la cantonade.

Vous porterez la boîte aux pistolets chez Marquis... vous lui direz de les nettoyer et de les passer au nickel. (Entrant en scène.) Ah! vous étiez là, docteur, tant mieux!... Madame la marquise de Valleray? Est-ce une visite ou un interwiew?

LA MARQUISE

Comme vous voudrez. Êtes-vous fâché de me voir?

SAINT-RIEUL

Au contraire, j'aurai peut-être besoin de vos conseils.

LA MARQUISE

C'est beaucoup d'honneur.

SAINT-RIEUL

Vous connaissez la vie...

SCÈNE IV

LA MARQUISE

Pas plus que vous, toujours.

SAINT-RIEUL

Non, mais autant.

LA MARQUISE

Ce n'est pas trop poli ce que vous dites là.

SAINT-RIEUL

La franchise est une de mes vertus.

LA MARQUISE

Si c'était une vertu, vous ne l'auriez pas.

LE DOCTEUR, à part.

Ils vont se battre tous deux, maintenant.

SAINT-RIEUL

Dites-moi, Lafarge ?

LE DOCTEUR

Je suis à vous.

SAINT-RIEUL

Vous avez reconduit M. de Périgny ?

LE DOCTEUR

Je l'ai laissé aux soins de son médecin ordinaire.

SAINT-RIEUL

La balle ?

LE DOCTEUR

La balle n'a pu encore être extraite. Le malade est en proie à une fièvre violente.

SAINT-RIEUL

Il souffre ?

LE DOCTEUR

Beaucoup.

SAINT-RIEUL

Quand il ira mieux, vous lui direz que je le prie de garder la chambre pendant six semaines. C'est le moins qu'exige l'opinion.

LE DOCTEUR

Je lui ferai part de votre désir. Adieu, mon cher vicomte... et du calme ! je vous recommande le calme !

SAINT-RIEUL

Mais il me semble que je suis au beau-fixe.

LE DOCTEUR

Tant mieux, alors... Madame la marquise !

LA MARQUISE

Bonjour, docteur, bonjour.

SCÈNE V

SAINT-RIEUL, LA MARQUISE

SAINT-RIEUL

Dites-moi, dans les circonstances graves, on peut vous parler sans détour ?

LA MARQUISE

Le contraire me blesserait.

SAINT-RIEUL

Vous passez pour avoir eu des amants ?

LA MARQUISE

On exagère toujours.

SAINT-RIEUL

Vous étiez une amie d'enfance de Valentine.... d'autre part votre nom, la haute situation de votre mari...

LA MARQUISE

Vous ont empêché de me fermer votre porte ? Eh bien ! vous me croirez, si vous voulez, je n'ai jamais donné un mauvais conseil à Valentine.

SAINT-RIEUL

Je veux vous croire.

SCÈNE V

LA MARQUISE

Dites donc, il me semble que vous tournez au tragique? Moi, si j'étais homme...

SAINT-RIEUL

C'est drôle, je ne me suis jamais demandé ce que je ferais si j'étais femme.

LA MARQUISE

Voilà précisément votre tort.

SAINT-RIEUL, lui offrant un siège.

Voulez-vous me raconter votre histoire ?

LA MARQUISE

Auriez-vous l'intention de me faire croire que vous ne la connaissez pas ?

SAINT-RIEUL

Il peut y avoir des variantes.

LA MARQUISE, lui tendant la main.

Alors, rétablissons le texte. Inutile de vous dire du mal de mon mari. Il jouit d'une certaine réputation dans la diplomatie parce qu'on a pris l'habitude d'interpréter son silence.

SAINT-RIEUL

Le fait est que M. de Valleray est généralement taciturne.

LA MARQUISE

Surtout la nuit.

SAINT-RIEUL, s'inclinant.

Ah !

LA MARQUISE

Or, comme j'aime beaucoup à causer...

SAINT-RIEUL

Il vous fallait quelqu'un pour vous donner la réplique !

LA MARQUISE

Je tombai d'abord sur un assez bon comédien, mais qui parlait trop de ses succès.

SAINT-RIEUL

Comme tous les comédiens.

LA MARQUISE

Pour me punir, M. de Valleray m'envoya passer six mois en Bretagne, dans un château...

SAINT-RIEUL

Qui manquait d'assiégeants ?

LA MARQUISE

Et pourtant, la place n'eut demandé qu'à se rendre... Désireuse d'obtenir ma grâce, je simulai une maladie nerveuse; rien de plus facile que d'adapter le *Malade imaginaire* à une pareille situation. Je passai des journées entières sur mon divan, parlant de mes palpitations, me plaignant d'atroces névralgies; un peu d'éther répandu ne manqua jamais son effet. Mon mari, pressé par l'opinion, fit venir de Paris deux ou trois célébrités médicales qui hochèrent la tête et prescrivirent un tas de médicaments qui doivent être encore au fond d'une armoire... là-bas. En pareil cas, il faut faire croire à une fin toujours prochaine qui calme le mari en l'inquiétant, le force à quitter une partie qui se prolonge indéfiniment, le lasser si complètement qu'il vous laisse enfin libre pour qu'on ne l'accuse pas de votre mort.

SAINT-RIEUL

Et c'est le moment de revenir à la santé ?

LA MARQUISE

Comme vous voyez.

SAINT-RIEUL

Et M. de Valleray s'est complètement désintéressé ?...

LA MARQUISE

Nous vivons parallèlement. Je dois cette paix si complète à un incident qui a frappé mon mari, quand il était second secrétaire à Pétersbourg. Vous savez que l'empereur, le tzar, faisait assez volontiers des promenades matinales. Un matin donc, le prince Fédoroff sortait du restaurant Borel où il avait passé la nuit en compagnie de quelques hauts viveurs et de femmes de théâtre, des femmes *collet-démonté*. Selon son habitude, le prince était ivre; la fraîcheur du matin l'acheva, et débraillé, l'uniforme ouvert comme une jaquette, il s'avançait d'un pas mal assuré, soutenu par M. de Valleray. Le tzar l'aperçut, et, le sourcil froncé, il vint droit à lui. « Dis-moi, Fédoroff, si tu étais l'empereur, et si tu rencontrais un colonel de ta garde dans l'état où je te trouve, que ferais-tu ? Fédoroff avait pâli. Il s'appuya contre le mur, et faisant le salut militaire, il répondit : « Sire, cet officier m'inspirerait une telle pitié que je ferais semblant de ne pas le voir ! » L'empereur ne put s'empêcher de sourire et il continua sa promenade.

SAINT-RIEUL

Et cet épisode a servi de règle de conduite à M. de Valleray ?

LA MARQUISE

Fit-il pas mieux que de se plaindre ?

SAINT-RIEUL

Assurément. Vous disiez donc que, si vous étiez homme ?

LA MARQUISE
Si j'étais homme, je pardonnerais.

SAINT-RIEUL
Vous dites cela parce que vous êtes femme...

LA MARQUISE
Croyez-vous qu'il y ait beaucoup de jeunes filles qui n'aient eu un sentiment avant leur mariage? une seule qui n'ait déjà fait un choix parmi ceux qu'elle a rencontrés, avec qui elle a fait quelques tours de valse? Mon cher Saint-Rieul, on n'épouse jamais son premier amour...

SAINT-RIEUL
Donc, tout mari n'est que le second?

LA MARQUISE
Quelquefois le troisième.

SAINT-RIEUL
Et il est heureux tout de même?

LA MARQUISE
Cela dépend de lui.

SAINT-RIEUL
Mais dites-moi, combien de fois pardonneriez-vous?

LA MARQUISE
Je commencerais par la première.

SAINT-RIEUL
Il est certain que si chaque mari faisait son examen de conscience, bien des femmes seraient acquittées.

LA MARQUISE
Allons, vous regrettez déjà Valentine.

SAINT-RIEUL
Pensez-vous qu'elle aime sérieusement M. de Périgny?

LA MARQUISE

A mon avis, elle a plutôt cédé à un mouvement de colère, à un besoin de vengeance, qu'à une inclination sérieuse.

SAINT-RIEUL

Vous l'avez vue ce matin?

LA MARQUISE

Oui.

SAINT-RIEUL

Nerveuse?

LA MARQUISE

Plutôt inquiète.

SAINT-RIEUL

Est-ce que le motif du duel a transpiré?

LA MARQUISE

Pas encore. Je pense que vous avez trouvé un prétexte de provocation où votre femme n'entre pour rien?

SAINT-RIEUL

Vous n'en doutez pas. Gontran n'est pas difficile à rencontrer; il déjeune au *Sporting* et dîne à *l'Épatant*. Je suis allé fumer un cigare dans la rue Boissy-d'Anglas; c'était grand jour de cirque, et quand il est descendu pour monter en voiture, je l'ai abordé d'un air souriant et confus à la fois : Est-ce vrai ce qu'on dit? lui demandai-je. — Et lui d'un air inquiet : Quoi donc? — Que vous protégez Mlle Vanelli, fragment d'étoile à l'Opéra? — Je n'ai pas à m'en cacher, s'écria-t-il avec un soulagement visible.

LA MARQUISE

Il craignait l'éclat sur un autre nom.

SAINT-RIEUL

« S'il en est ainsi, mon cher, continuai-je, j'ai des excuses à vous faire. Vous savez que, par principe, je ne trompe jamais mes amis... eh bien, j'ai péché par ignorance. C'est bien votre faute, que n'étiez-vous là? Lui : « Oh! c'est sans importance...» — Pas du tout, répliquai-je, je suis à vos ordres. (En insistant.) Je tiens à vous rendre raison de cette offense. Cette fois, il comprit. — Demain matin, monsieur, me dit-il d'un ton résigné, deux de mes amis auront l'honneur de se présenter chez vous. — Je les attends! un petit coup de chapeau, très sec, et je tournai les talons. »

LA MARQUISE

De façon que vous ne vous êtes pas battu pour Mme de Saint-Rieul...

SAINT-RIEUL

Et que Périgny s'est battu pour la petite Vanelli. Que dites-vous de cela?

LA MARQUISE

Que c'est bien joué, mon cher Raymond.

SAINT-RIEUL

N'est-ce pas?

LA MARQUISE

Un dernier mot!

SAINT-RIEUL

Marquise, on n'a jamais le dernier avec vous.

LA MARQUISE

Vous pouviez tuer Gontran?

SAINT-RIEUL

Je le crois.

LA MARQUISE

Pourquoi ne l'avez-vous pas fait?

SAINT-RIEUL

Pas si bête. Vivant, il cesse d'être gênant, il aime bientôt ailleurs, il engraisse. Mort, c'est un spectre. On s'en croit délivré, il apparaît et ne vous laisse aucun repos.

LA MARQUISE

Vous avez certainement une idée, mais elle m'échappe.

SAINT-RIEUL

Quelle idée voulez-vous que j'aie, si ce n'est de vivre désormais tranquille et à l'abri des accidents?

LA MARQUISE

Vous allez vous faire assurer?

SAINT-RIEUL

Peut-être. (Il sonne. Un domestique paraît.) Demandez à Mᵐᵉ la vicomtesse si elle peut me recevoir.

LA MARQUISE

La voici.

SCÈNE VI

LES MÊMES, VALENTINE

VALENTINE

Vous avez à me parler, Monsieur?

LA MARQUISE

Je vous laisse...

VALENTINE

A tout à l'heure, n'est-ce pas ?

LA MARQUISE

Sois tranquille, je ne te laisserai pas seule une minute...

SCÈNE VII

VALENTINE, SAINT-RIEUL

VALENTINE
Monsieur?

SAINT-RIEUL
Madame, avez-vous lu la *Physiologie du Mariage?*

VALENTINE
J'ai lu Balzac tout entier, mais la *Physiologie du Mariage* ne m'a pas laissé de souvenirs précis, sans doute parce que je l'ai lue trop tôt.

SAINT-RIEUL
Évidemment. Voulez-vous accepter une cigarette?

VALENTINE
Vous savez bien que je ne fume pas.

SAINT-RIEUL
Ah! je croyais... il y a commencement à tout... (S'allumant.) Vous permettez?

VALENTINE
Comment donc?

SAINT-RIEUL
Eh bien! j'ai relu ce livre admirable que les physiologistes modernes refont par fragments... se taillant des pourpoints dans un manteau de roi. Le mari, madame, est un homme qui sèche du bois vert pour les feux à venir. Quel est celui qui peut dire : Je serai une exception... Je passerai seul la main dans ces cheveux, ces yeux ne verront que moi?

VALENTINE
Mais si le mari se tient trop loin des yeux?

SAINT-RIEUL

Tenez, je causais tout à l'heure avec Mme de Valleray, qui s'y connaît. Que pensez-vous de Mme de Valleray?

VALENTINE

C'est une femme d'esprit.

SAINT-RIEUL

Et de son mari?

VALENTINE

Qu'il n'a pas su la comprendre.

SAINT-RIEUL

Alors vous croyez que Mme de Valleray, avec un mari jeune, passionné, sans cesse occupé de prévenir ses désirs, n'eût pas cherché de distractions en dehors de son ménage?

VALENTINE

On ne cherche les distractions que quand on en manque. Mais à quoi bon toutes ces questions? Est-ce pour une distribution des prix?... Où voulez-vous en venir?

SAINT-RIEUL

A vous dire que j'ai beaucoup réfléchi, que j'ai pesé mes torts. On ne comprend bien le mariage que quand il est trop tard. Les parents vous font une donation de leur fille avec un cérémonial qui donne au preneur une sécurité regrettable. Il y a un contrat et un notaire comme pour la vente d'un immeuble. La jeune fille a l'air d'avoir trouvé un acquéreur. Elle se livre au mari, à l'amant... elle se donne. Et puis, la situation est mal comprise; il y a une idée de devoir qui gâte tout. Au sortir de l'église il faudrait agir comme après un enlèvement. Le mari a jeté ses gourmes, la femme a conservé ses économies. Au lieu de cette affectation de respect, de ces ménagements convenus pour l'oreille et pour les sens, un mari bien avisé devrait l'amener lui-même à jeter son corset par-dessus les moulins, des moulins *surveillés!*... En amour, il faut plus de préface que de livre. Le vrai, c'est de faire la fête avec sa femme, de ne lui rien laisser à apprendre et de ne dater le mariage que de la maternité.

VALENTINE

Pourquoi n'avez-vous pas essayé ?

SAINT-RIEUL.

Parce que les bonnes idées sont presque toujours le résultat de l'expérience. Je me suis dit, au contraire, le premier soir : « Attention, mon garçon, tu as affaire à une jeune fille qui sort à peine du couvent. Surveille ta tenue et tes gestes... » Je suis arrivé avec un grand peignoir de batiste, orné d'un jabot... On ne pouvait voir que mes pieds... puis, j'ai éteint les bougies avec un éventail; je n'ai même pas vu vos yeux se fixer sur moi, quand pour la première fois je vous ai serrée toute tremblante entre mes bras. Imbécile que j'étais!... L'heure vient vite où la femme se lasse de ce respect... et le mari, croyant avoir fait son devoir, s'en remet du soin de son bonheur à l'éducation de sa femme, aux principes sévères qui lui ont été inculqués. Et cela dure ainsi jusqu'au jour où se présente le consolateur, le ménestrel!... Oh! celui-là ne respecte rien parce qu'il n'a rien à ménager... Il ne met pas de peignoir, lui! il n'éteint pas les bougies, au contraire!... il en allume. (Avec un soupir.) Valentine?

VALENTINE

Monsieur ?

SCÈNE VII

SAINT-RIEUL

Vous m'avez aimé, n'est-ce pas?

VALENTINE

Beaucoup.

SAINT-RIEUL, s'asseyant auprès d'elle.

Eh bien! dites-moi comment... c'est arrivé?

VALENTINE, lentement d'abord.

Vous vous êtes retiré de moi peu à peu... Chaque jour, vos absences devenaient plus longues... l'ennui plus pesant. Je me suis mise à lire tout ce qui paraissait, puis je me suis lassée de tous ces romans qui se ressemblent. J'ai commencé à aller seule dans les salons amis. On m'a beaucoup fait la cour... Mais, vous savez, je ne suis pas coquette.

SAINT-RIEUL

Et... M. de Périgny?

VALENTINE

M. de Périgny me suivait partout. Cependant, ce n'est pas par lui que j'ai connu votre façon de vivre. Vous aviez des maîtresses en vue et vous ne vous gêniez guère. Excepté à l'Opéra, par un reste de pudeur, on vous a rencontré partout en compagnie d'une danseuse célèbre et parfois d'une autre femme qui ne dansait même pas... Vous aviez repris la vie de garçon. Je restais là, bonne bête, à vous attendre... et vous ne veniez jamais. Un soir, je demandai à M. de Périgny : Savez-vous où est mon mari? — Parbleu! Voulez-vous le voir? Venez. Il m'amena au premier étage d'un restaurant de l'avenue de l'Opéra et commanda le dîner. On causait dans le salon voisin et je reconnus votre voix... Puis, un rire de femme, un rire travaillé, prétentieux...

SAINT-RIEUL, à part.

C'était Coralie.

VALENTINE

Je ressentis une commotion... J'ai dû rougir d'abord, pâlir ensuite... Puis, sur un bruit de baisers, je laissai tomber ma tête entre mes mains. M. de Périgny, à genoux devant moi, brûlait mon front de son haleine en me demandant pardon de m'avoir amenée là...

SAINT-RIEUL, nerveux.

Et alors?

VALENTINE, se levant.

C'est tout.

SAINT-RIEUL, comme s'il étranglait.

Hum!

SCENE VIII

LES MÊMES, UN DOMESTIQUE

LE DOMESTIQUE

M. le docteur Lafarge!

VALENTINE

Est-ce tout ce que vous aviez à me dire?

SAINT-RIEUL

Je voulais vous prier d'excuser le dérangement que je vais vous causer...

VALENTINE

Quel dérangement?

SAINT-RIEUL

On va renouveler le mobilier de l'hôtel...

VALENTINE

Et où me réfugier?

SAINT-RIEUL

Dans le petit salon, si vous voulez. Le tapissier

a commandé un personnel nombreux, ce sera l'affaire de quelques minutes.

VALENTINE

Comme il vous plaira.

LE DOCTEUR, saluant.

Madame !

SCÈNE IX

LAFARGE, SAINT-RIEUL.

SAINT-RIEUL

Ah ! ça, Lafarge, est-ce que vous allez me compter toutes vos visites ?

LE DOCTEUR

Cette fois, mon ami, je me présente comme chargé d'affaires.

SAINT-RIEUL

Qu'y a-t-il donc ?

LE DOCTEUR

J'ai une mission importante à remplir.

SAINT-RIEUL

Vous m'intriguez.

LE DOCTEUR

Voilà. M. de Périgny m'a fait demander d'urgence. « Docteur, m'a-t-il dit, je vous prie de voir Mme de Saint-Rieul et de prendre son avis. S'il est conforme à mes désirs, vous l'informerez que, aussitôt son divorce prononcé, j'aurai l'honneur de lui demander sa main. »

SAINT-RIEUL

Comment, son divorce ?

LE DOCTEUR

« M. de Saint-Rieul, a-t-il ajouté, est un galant homme ; il taira le nom du complice pour lui permettre de réparer ses torts. »

SAINT-RIEUL

En voilà un aplomb! Certainement, je tairai son nom, mais je le tairai pour moi. Le divorce? Pourquoi faire? Si ma femme est bonne pour un autre, elle est tout aussi bonne pour moi. Maintenant qu'elle est dressée, j'irais y renoncer? Pas si bête. Gontran a été son amant et il veut être son mari? Eh bien! moi qui étais son mari, je veux être son amant!

LE DOCTEUR, avec une grimace.

Et... sa faute?

SAINT-RIEUL

Dans une certaine disposition d'esprit, sa faute l'embellit. Elle lui donne un montant, un je ne sais quoi qui sent le poivre. Vous avez longtemps végété, Lafarge?

LAFARGE

Oui, les clients ne venaient pas vite.

SAINT-RIEUL

Et quand sont-ils venus?

LAFARGE

Mon succès date du jour où j'ai pris un parti violent... Je me suis posé en inventeur de la névrose comme circonstance atténuante dans les procès criminels.

SAINT-RIEUL

Il n'y a donc plus, à vrai dire, de femme coupable?

LAFARGE

Il y a des femmes qui s'ennuient, voilà tout, et un beau jour, la révolte les prend. C'est comme un frisson qui part de la nuque et descend le long des reins. Le rêve de tout Parisien est d'avoir à lui seul une femme pervertie...

SAINT-RIEUL
Les femmes perverties ne manquent pas.
LAFARGE
Mais elles se partagent, c'est fatal.
SAINT-RIEUL
Leur qualité même les y pousse.
LAFARGE
Et tout concourt aujourd'hui au développement de la sensualité... La lumière électrique, les expositions, les courses, les baraques mauresques avec leurs almées épileptiques !
SAINT-RIEUL
Mais les femmes d'un certain monde évitent ce genre de spectacles.
LAFARGE
Elles voient les photographies.
SAINT-RIEUL
Eh bien ! j'admets la névrose.
LE DOCTEUR
A la bonne heure ! Les maris ennuyeux méritent leurs malheurs. Puis, à quoi bon le divorce, si on ne veut pas se remarier ?
SAINT-RIEUL
Et si on se remarie, on est deux fois ce qu'on n'était qu'une.
LE DOCTEUR
C'est ce qu'on appelle de l'*avancement*.
SAINT-RIEUL
Mieux vaut rester simple chevalier !
LE DOCTEUR
Et tirer le meilleur parti de ce que l'on a.
SAINT-RIEUL
L'expérience nous apprend qu'il est prudent d'introduire un peu de saturnale dans son ménage.

La femme est, avant tout, curieuse. Elle va chercher ailleurs ce que son mari lui cache. Les Chinois ne lui laissent pas de pieds pour la mettre dans l'impossibilité de se trouver à un rendez-vous.

LE DOCTEUR

Elle y va en palanquin !

SAINT-RIEUL

Mieux vaut ne lui rien laisser ignorer.

On explore au prix des plus grands périls le centre de l'Afrique, parce qu'on n'en connaît pas les mystères, et l'idée n'est venue à personne d'explorer la plaine Saint-Denis! La femme persuadée qu'elle sait tout ne cherche pas de professeur.

(On entend un remue-ménage et des coups de marteau.)

SCÈNE X
LES MÊMES, LA MARQUISE

LA MARQUISE

Qu'est-ce que c'est que cela? Vous déménagez?

SAINT-RIEUL

Au contraire, j'emménage. Les tapissiers vont transformer l'ameublement de l'hôtel... On pose en ce moment le nouveau décor.

LA MARQUISE, riant.

Vous croyez que c'est le mobilier qui vous a porté la guigne?

SAINT-RIEUL

Non, j'entre dans le train... voilà tout.

LA MARQUIS

C'est le contraire des Écritures... Au lieu de punir la désobéissance, vous lui ouvrez un Éden.

SAINT-RIEUL

C'est que la destination des Éden a changé...

Mais je vous prie de m'excuser... je veux surveiller moi-même ma nouvelle installation...

LA MARQUISE
Faites donc, je vous en prie.

SCÈNE XI

LE DOCTEUR, LA MARQUISE

LE DOCTEUR
Qu'est-ce que vous dites de cela?

LA MARQUISE
Il a peut-être raison. Paganini jouait tous les airs sur le même violon.

LE DOCTEUR
Et vous pensez que Saint-Rieul peut être heureux dans ces conditions?

LA MARQUISE
Pourquoi pas? Valentine est une femme adorable, mais comme toutes les femmes, il faut savoir la prendre. Elle s'ennuyait, elle éprouvait le besoin de se dépenser... Je connais ça... Voyez, par exemple, Mme d'Aigrefeuille dont les chutes ont humilié le Niagara! Elle est partie pour l'Italie avec Stéphan, puis on l'a vue à Aix avec le prince Salviati, à Londres avec lord Harvey; à Paris, elle a semé le bonheur à pleines mains, toujours aimante, toujours persuadée que celui qu'elle avait serait le dernier, et le lui faisant croire, à ce point qu'on appelait son hôtel du parc Monceau *Les Grands magasins de la lune de miel*.

LE DOCTEUR
Eh bien?

LA MARQUISE
Un jour, par hasard, en pleine folie, elle rencontre son mari au bois de Boulogne...

LE DOCTEUR
A la cascade!

LA MARQUISE

Elle s'arrête ; il la regarde... deux larmes lui échappent, ils se jettent dans les bras l'un de l'autre, et depuis ce temps-là, ils sont heureux puisqu'ils se cachent.

LE DOCTEUR

Le moment viendra où le passé surgira...

LA MARQUISE

Le passé? Allons donc! ça fera un sujet de conversation pour leurs vieux jours! Elle racontera ses batailles comme les officiers retirés.

(Les coups de marteau redoublent.)

SCÈNE XII

LES MÊMES, VALENTINE

VALENTINE

Mais c'est une invasion... il n'y a plus un meuble à sa place... on ne voit que des échelles!...

LA MARQUISE

C'est ton mari qui reconstruit l'Opéra-Comique.

VALENTINE, se laissant tomber sur un fauteuil.

Il a fallu enlever mes robes, mes chapeaux, transporter le tout dans la lingerie... je n'en puis plus.

LE DOCTEUR

L'ordre sera vite rétabli. Le tapissier n'a demandé que trois heures... Il a quinze ouvriers.

VALENTINE

Mon mari va se ruiner... c'est superbe.

LE DOCTEUR, à part.

Son mari! ce matin, c'était *monsieur de Saint-Rieul.*

LA MARQUISE

As-tu vu le salon?

VALENTINE

Pas encore.

LA MARQUISE

Versailles, ma chère !

LE DOCTEUR

Et les écuries ? quatre chevaux de toute beauté... un coupé neuf, un break, un *mail!*

VALENTINE

Un mail ?

LE DOCTEUR

Ah ! Saint-Rieul entre bien dans le train.

LA MARQUISE

Certes ! Il a fait mettre des glaces dans le lit conjugal !...

En attendant, si tu veux éviter le bruit, je t'emmène...

SCÈNE XIII

LES MÊMES, SAINT-RIEUL

SAINT-RIEUL

Où cela ?

LA MARQUISE

Nous dînerons ensemble...

SAINT-RIEUL

Inutile. Les machinistes vont se retirer et ma femme dîne avec moi.

LA MARQUISE

Tout seul ?

SAINT-RIEUL

Tout seul.

LA MARQUISE

Vous ne me gardez pas?

SAINT-RIEUL

Ah!... pas encore!

LA MARQUISE

Très bien, je file... Bonne chance! A demain. Venez-vous, docteur?

LE DOCTEUR

Avec empressement.

SAINT-RIEUL, saluant.

Madame! (Il serre la main de Lafarge.)

LA MARQUISE, au moment de sortir.

Faut-il vous envoyer des tziganes?

SAINT-RIEUL

Je craindrais de vous priver.

LA MARQUISE

Votre bras, docteur!

LE DOCTEUR

Madame!

LA MARQUISE, montrant Saint-Rieul et Valentine, à l'oreille du docteur.

La scène à faire! (Elle sort en riant.)

SCÈNE XIV

SAINT-RIEUL, VALENTINE

(Saint-Rieul se dirige vers Valentine, la contemple un instant. Celle-ci, le menton appuyé sur sa main, le regard fixe, semble méditer).

« Cette autre patrie » qu'on chante dans la *Favorite*, cette autre patrie où l'on va cacher son

SCÈNE XIV

bonheur, elle est ici, si tu veux. Nous allons commencer une vie nouvelle et tu verras qu'un mari peut être un amant. Ta chambre était sombre, tendue de vieilles tapisseries... elle est transformée; c'est un nid de soie bleue avec des bouquets en broderie... Au-dessus des portes, des amours de Watteau, des ailes en plein soleil, des baisers qui volent comme des papillons... Il y a trois ans, j'ai voulu t'épouser, aujourd'hui je veux t'aimer.

VALENTINE, troublée.

Raymond!

SAINT-RIEUL, il touche un timbre. Un valet de pied paraît.

Faites servir!

(On apporte une table, chargée de fleurs et de fruits. Vins divers. Champagne.)

SAINT RIEUL, au domestique.

La porte est défendue... Il n'y a pas d'exception. (Les laquais se retirent. Saint-Rieul tire le cordon de la portière qui masque la porte du fond). A table, ma chère Valentine. Voici le souper traditionnel... le potage-tortue, le perdreau, les écrevisses bordelaises... mais d'abord, une bouchée de caviar et un verre d'eau-de-vie russe.

VALENTINE, buvant.

Comme c'est fort! (Elle tousse.)

SAINT-RIEUL

Vous vous y ferez, ma chère! Je disais donc que les maris sont bien bêtes d'aller chercher ailleurs ce qu'ils ont chez eux. La femme veut tout et on lui doit tout; or le mariage ne lui donne qu'une part, la plus mauvaise. Elle se dit : Comment, ce n'est que ça? Elle ne veut pas le croire et elle va au gagnage... (Prenant une bouteille.) Un verre de madère 1820. Le madère est l'ami du perdreau !

VALENTINE

Vous allez me griser...

SAINT-RIEUL

Eh bien ! c'est ce qu'il faut ! T'ai-je assez respectée, Valentine ! Cela ne m'arrivera plus. Je frappais à ta porte au lieu de te surprendre... Mes lèvres n'ont jamais osé s'égarer plus bas que ta poitrine... Mais tout ce qu'un amant révèle à une femme, je le sais aussi. Ces transports, ces folies, ces rages, je les ai dans le sang. Ah ! nous allons vivre, va ! L'été nous courrons les plages, les montagnes ; l'hiver nous irons retrouver le soleil et les orangers sous le bleu de Nice et de Monaco. Si tu veux nous pousserons plus loin... le Bosphore, Smyrne... ces pays enchantés où l'on croit aux houris, un paradis après la mort !... et je l'aurai vivant, avec toi, ma houri ! (Lui versant à boire.) Passons au champagne.

VALENTINE

Mais, mon ami, j'ai déjà comme un nuage devant les yeux... la tête me tourne...

SAINT-RIEUL, riant.

C'est le commencement de la sagesse. Le matin, la promenade au bois... tu es si jolie en amazone ! Toute la journée, à droite, à gauche, partout où il y a du monde, partout où l'on s'amuse... Veux-tu, dis ?

VALENTINE, renversée sur son fauteuil, les yeux à demi fermés.

Oui, je veux bien...

SCÈNE XIV

SAINT-RIEUL

Et le soir, en sortant du théâtre, le souper des amoureux dans les cabinets dorés, après quoi, frileusement serrés l'un contre l'autre, nous rentrerons dans cet intérieur nouveau où j'ai réuni tout ce qui parle aux yeux et aux sens... Je te prendrai dans mes bras comme un étudiant en bonne fortune et je t'aimerai tant et si bien que le lendemain tu n'oseras plus lever les yeux sur ta mère !

VALENTINE, se levant, pâmée.

Ah ! j'étouffe !...

SAINT-RIEUL

Eh bien ! Défais tout cela... (Il lui enlève son corsage. Sais-tu que tu as une épaule divine...

VLENTINE, le repoussant doucement.

Mon ami...

SAINT-RIEUL

Non... ton amant ! C'est fini, l'amitié !

VALENTINE

Raymond !

SAINT-RIEUL, la prenant dans ses bras.

Bonheur un instant perdu et que je veux retrouver plus complet !... Mais ôte donc tout cela... tu es habillée comme une pensionnaire !

(Valentine se laisse retomber dans le fauteuil.)

SAINT-RIEUL, à genoux devant elle.

Je t'aime, Valentine... et je te veux tout entière, comprends-tu ?

VALENTINE, passant une main sur son front.

Mais qu'est-ce que j'ai?...

SAINT-RIEUL, la couvrant de baisers.

C'est aujourd'hui que tu vas être bien à moi...

VALENTINE, comme égarée.

Oui! oui!

SAINT-RIEUL, la prenant dans ses bras, ironique et triomphant.

Enfoncé, Gontran!

www.ingramcontent.com/pod-product-compliance
Lightning Source LLC
Chambersburg PA
CBHW060502050426
42451CB00009B/772